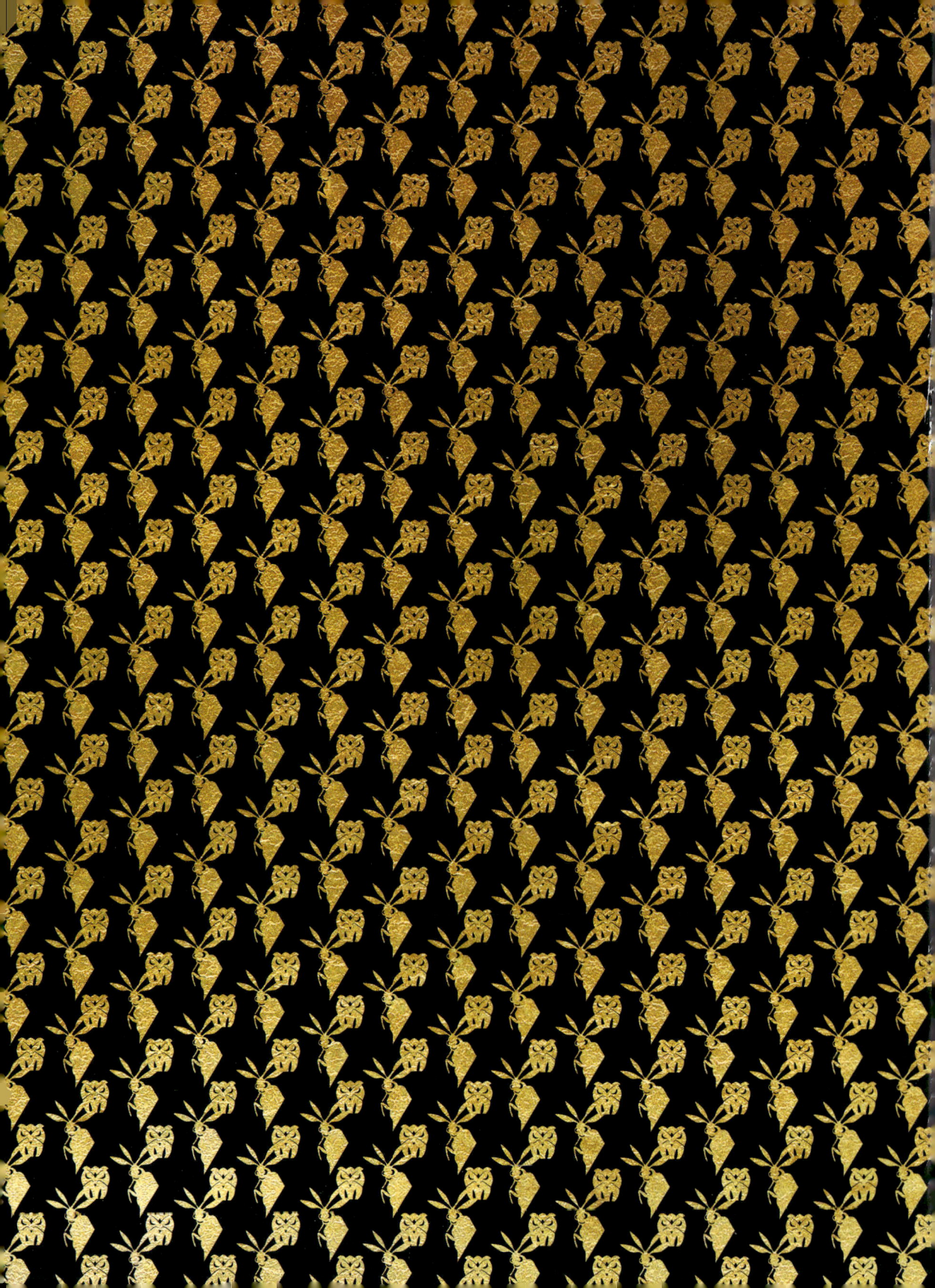

Geschrieben von Emily Stead

www.fantasticbeasts.co.uk

Phantastische Tierwesen: Grindelwalds Verbrechen
Das Buch zum Film
Deutschsprachige Ausgabe 2018 durch die Panini Verlags GmbH
Rotebühlstraße 87, 70178 Stuttgart
Verlagsleitung (Books/Kids): Gabriele El Hag
Chefredaktion: Nicole Hoffart
Redaktion: Eva-Regine Rauch
Lektorat: Ray Bookmiller
Übersetzung: Barbara Knesl
Produktion: Print Company Verlagsges.m.b.H.
Umschlaggestaltung: tab indivisuell, Stuttgart
Printed und bound in Slovakia
ISBN 978-3-8332-3715-7
www.paninishop.de
Die Deutsche Nationalbibliothek verzeichnet diese Publikation in der Deutschen Nationalbibliografie;
detaillierte bibliografische Daten sind im Internet über http://dnb.d-nb.de abrufbar.

Englische Originalausgabe 2018
Scholastic Children's Books
Euston Haus, 24 Eversholt Street,
London NW1 1DB, UK
A division of Scholastic Ltd

PHANTASTISCHE TIERWESEN
GRINDELWALDS VERBRECHEN™

DAS BUCH
ZUM FILM

WIZARDING
WORLD

PANINI BOOKS

INHALT

EINLEITUNG

Newt Scamander, der brillante Magizoologe, ist zurück! Sein Buch *Phantastische Tierwesen und wo sie zu finden sind* ist gerade erschienen, es gibt weitere Exemplare seiner geliebten Tierwesen zu entdecken, und Albus Dumbledore hat einen Auftrag für Newt.

Wir schreiben das Jahr 1927, und Newt ist wieder in London. Ein paar Monate zuvor haben Newt und seine Freunde dabei geholfen, den berüchtigten Zauberer Gellert Grindelwald zu enttarnen und gefangen zu nehmen, während eine dunkle Energie in Form eines Obscurus in New York City ihr Unwesen trieb. Grindelwald landete im Gefängnis, und der Obscurus wurde vermeintlich vom MACUSA (Magischer Kongress der Vereinigten Staaten von Amerika) vernichtet.

Doch wie er es bereits angekündigt hat, inszeniert Grindelwald eine spektakuläre Flucht und stellt bald darauf fest, dass der Obscurus den Angriff in der U-Bahn-Station City Hall überlebt hat. Der dunkle Zauberer erfreut sich zunehmenden Zuspruchs – nach Ansicht vieler Anhänger ist es an der Zeit, Hexen und Zauberer aus dem Schatten treten zu lassen und die Herrschaft über alle nicht magischen Wesen zu übernehmen.

Dumbledore wendet sich an seinen ehemaligen Schüler Newt, der den Obscurus aufspüren soll, bevor ihn Grindelwald als Waffe missbrauchen kann, und sendet seinen Freund diesmal nach Paris. In einer Zauberwelt, die gefährlicher und gespaltener ist als je zuvor, werden Loyalitäten auf die Probe gestellt und scharfe Grenzen gezogen.

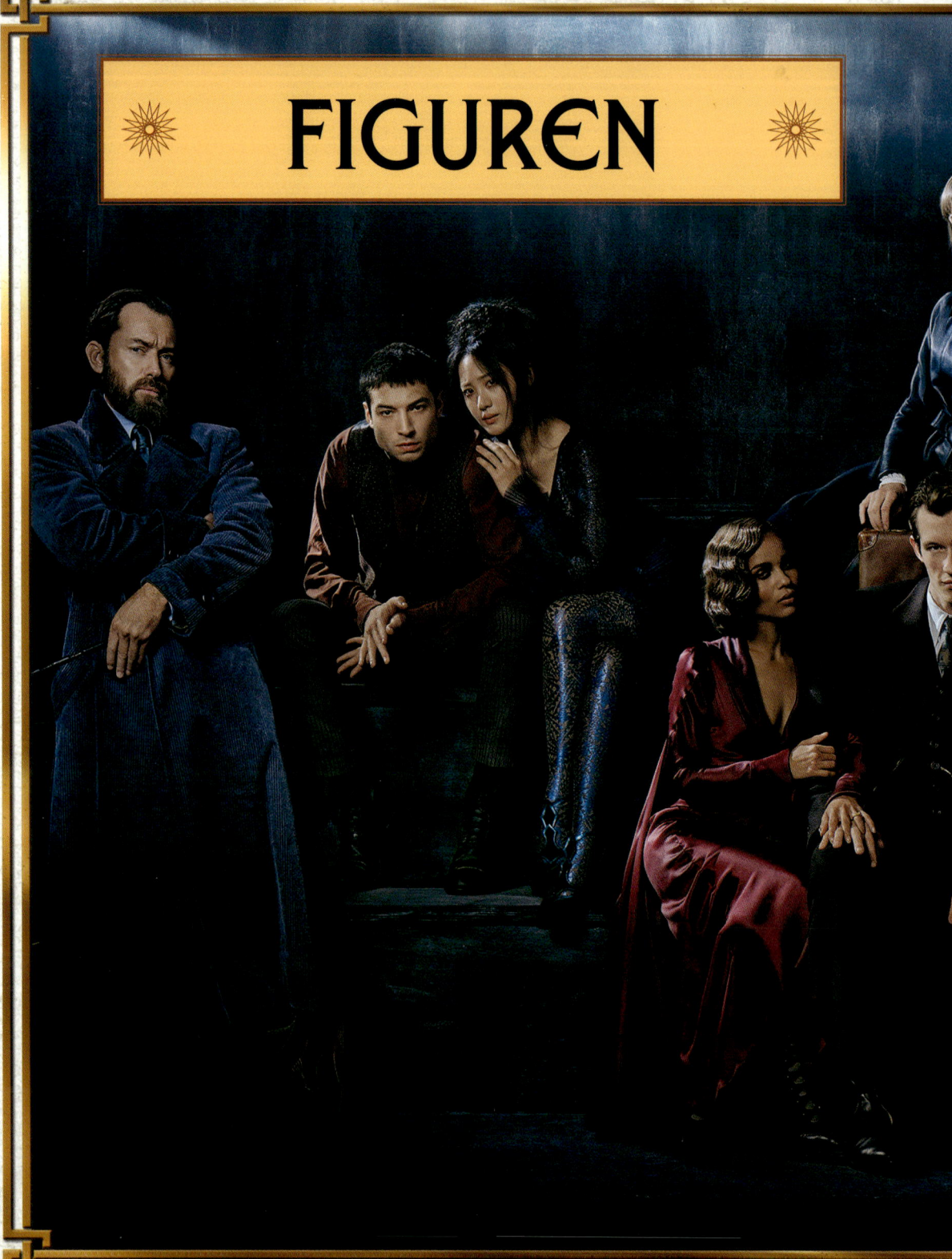

FIGUREN

NEWT SCAMANDER

Newt Scamander ist ein Magizoologe. Sein Ziel ist es, die Zauberergemeinde darüber aufzuklären, wie sie Seite an Seite mit magischen Tierwesen leben kann, damit die Kreaturen auch in Zukunft geschützt sind. Newt ist im Zuge seiner Forschungen rund um den Globus gereist und hat bei seiner Rückkehr darüber ein Buch veröffentlicht, das zu einem Bestseller wurde: *Phantastische Tierwesen und wo sie zu finden sind.*

VOLLER NAME	Newton Artemis Fido Scamander
GEBURTSTAG	24. Februar 1897
BERUF	Magizoologe, Autor von *Phantastische Tierwesen und wo sie zu finden sind*
AUSBILDUNG	Hogwarts-Schule für Hexerei und Zauberei
HAUS	Hufflepuff
FAMILIE	Theseus Scamander (älterer Bruder)
VERBÜNDETE	Jacob Kowalski, Tina Goldstein, Queenie Goldstein, Albus Dumbledore

ABENTEUER IN NEW YORK

Was 1926 eigentlich als kurzer Zwischenstopp in New York City geplant war, sollte sich als eines der größten Abenteuer in Newts Leben herausstellen. Aufgrund eines vertauschten Koffers schließt er Freundschaft mit einem No-Maj, einem nicht magischen Lebewesen. Er verliert seine magischen Schützlinge aus den Augen, wird verhaftet, entkommt und hilft schließlich dabei, dem berüchtigten dunklen Zauberer Gellert Grindelwald Einhalt zu gebieten.

EIN MAGISCHER TIERHORT

Newt hat sich im Keller seines Zuhauses in London einen geheimen Tierhort eingerichtet. Hier hält er eine Vielzahl magischer Geschöpfe in eigens für sie erschaffenen Habitaten. An diesem Ort tummeln sich unter Newts Obhut die unterschiedlichsten Wesen – vom Kelpie bis zur Niffler-Familie.

EINE ERNSTHAFTE MISSION

Nachdem sie ihre Verfolger aus dem Zaubereiministerium abgeschüttelt haben, treffen sich Newt und Dumbledore auf dem Dach der St. Paul's Cathedral in London. Dumbledore bittet Newt um Hilfe – er muss nach Paris reisen und Credence, das Obscurial, ausfindig machen, bevor der dunkle Zauberer Grindelwald Credence' Kräfte als tödliche Waffe missbrauchen kann. Newt weigert sich zunächst, doch als er erfährt, dass sich seine enge Freundin Tina auch auf der Suche nach dem Obscurial in der französischen Hauptstadt aufhält, überlegt er es sich anders.

EIN VERZAUBERTER EIMER

Da das Zaubereiministerium Newts Antrag auf eine Reiseerlaubnis abgelehnt hat, muss der Magizoologe geheim nach Frankreich reisen. Newt gelangt mithilfe eines Portschlüssels nach Paris. Dieser verzauberte Gegenstand bringt den Nutzer auf magische Weise an das gewünschte Ziel. Der Portschlüssel, der Newt und Jacob in die französische Hauptstadt befördert, ist ein alter Metalleimer!

GELLERT GRINDELWALD

Gellert Grindelwald ist ein mächtiger Zauberer, der in der Zauberwelt großen Schaden angerichtet und eine Reihe brutaler Angriffe verübt hat. Dabei hat er eine Vielzahl von Unterstützern auf seine Seite gezogen. Er hat es riskiert, dass die nicht magische Welt von der Existenz der Zauberwelt erfährt, und wird von den Zaubereibehörden weltweit wegen seiner Verbrechen gesucht.

VOLLER NAME | Gellert Grindelwald
AUSBILDUNG | Durmstrang-Institut für Zauberei
VERBÜNDETE | Vinda Rosier, Krall, Nagel, Carrow, MacDuff

PERFEKTE TARNUNG

Grindelwald hat den MACUSA in New York infiltriert, indem er sich in Percival Graves, die rechte Hand der Präsidentin Seraphina Picquery, verwandelt hat. Newt enttarnt schließlich den dunklen Zauberer nach einem Duell in der New Yorker U-Bahn-Station City Hall. Dabei wurde auch vermeintlich der Obscurus – eine kraftvolle dunkle Energie – zerstört.

FLUCHT UM MITTERNACHT

Wie Grindelwald vorausgesagt hat, kann der MACUSA ihn nicht lange festhalten.
Grindelwald entwischt auf spektakuläre Weise vom Dach des MACUSA-Hauptsitzes –
in einer von Thestralen gezogenen Kutsche.

FÜR DAS GRÖSSERE WOHL

Grindelwald hat die Absicht, das Internationale Geheimhaltungsstatut zu kippen, das
Zauberer dazu verpflichtet, zu ihrer eigenen Sicherheit ihre magischen Fähigkeiten vor
der nicht magischen Gemeinschaft geheim zu halten.

ZAUBERWAFFE

Als Grindelwald entdeckt, dass das Obscurial Credence nach Paris gereist ist, folgt er ihm.

TINA GOLDSTEIN

Tina Goldstein ist eine außergewöhnliche Hexe, die durch ihre Hartnäckigkeit schon in Lebensgefahr geraten ist und dabei geholfen hat, Grindelwald in der U-Bahn-Station City Hall zu Fall zu bringen. Daraufhin wurde sie wieder zur Aurorin des MACUSA ernannt. Diese Elite-Hexen und Elite-Zauberer untersuchen Verbrechen im Zusammenhang mit schwarzer Magie.

VOLLER NAME	Porpentina Goldstein
GEBURTSTAG	19. August 1901
BERUF	MACUSA-Aurorin, ehemalige Zauberstabzulassungs-Angestellte
AUSBILDUNG	Ilvermorny-Schule für Hexerei und Zauberei
HAUS	Donnervogel
FAMILIE	Queenie Goldstein (Schwester), Eltern verstorben
VERBÜNDETE	Queenie Goldstein, Newt Scamander, Seraphina Picquery

EIN ZÄRTLICHER ABSCHIED

Tina und Newt entwickelten während ihrer gemeinsamen Zeit in New York eine enge Beziehung zueinander und trennten sich im Guten, als Newt per Schiff nach England zurückkehrte. Newt versprach, nach Veröffentlichung seines Buches *Phantastische Tierwesen und wo sie zu finden sind* mit einem Exemplar davon zurückzukehren, ein Versprechen, das er bisher nicht einlösen konnte.

TINA IN PARIS

Ohne Genehmigung des MACUSA reist Tina allein nach Paris,
um Credence aufzuspüren, der sich in großer Gefahr befindet.

STREIT MIT QUEENIE

Tina hat etwas gegen die Beziehung ihrer jüngeren Schwester mit dem No-Maj Jacob Kowalski. Als führende Mitarbeiterin des MACUSA ist es Tinas Aufgabe, für die Einhaltung der magischen Gesetze zu sorgen.

NEUE BEGEGNUNG

In Paris begegnet Tina dem mysteriösen französischen Zauberer mit afrikanischen Wurzeln Yusuf Kama, der ebenso hinter Credence her ist.

✳ QUEENIE GOLDSTEIN ✳

Die jüngere der beiden Goldstein-Schwestern hat einen unbedeutenden Schreibtischjob im Keller des MACUSA-Gebäudes.

Dabei bleiben ihre Talente verborgen – Queenie ist eine geschickte Legilimens, Schneiderin und Köchin. In *Phantastische Tierwesen und wo sie zu finden sind* zieht sie auch die Fäden bei Newts, Tinas und Jacobs Flucht aus dem MACUSA-Gebäude, indem sie die drei in Newts magischem Koffer in Sicherheit bringt.

VOLLER NAME	Queenie Goldstein
BERUF	Schreibtischjob im Zauberstabzulassungs-Büro, MACUSA
AUSBILDUNG	Ilvermorny-Schule für Hexerei und Zauberei
FAMILIE	Tina Goldstein (Schwester), Eltern verstorben
VERBÜNDETE	Tina Goldstein, Jacob Kowalski, Newt Scamander

STÜRMISCHE ROMANZE

Queenies Leben ändert sich für immer, als sie Jacob begegnet. Sie wünscht sich nichts sehnlicher, als seine Frau zu werden, doch gemäß den strengen Zauberwelt-Gesetzen in den Vereinigten Staaten ist ihr das untersagt.

MAGISCHE UNTERSTÜTZUNG

Um mit ihm zusammen sein zu können, befördert Queenie den unwissenden Jacob mithilfe von Magie nach England, wo die magischen Gesetze fortschrittlicher sind. Doch der Schuss geht nach hinten los und bringt die aufkeimende Liebe in Gefahr, was Queenie zur Verzweiflung bringt ... und sie verletzlich macht.

JACOB KOWALSKI

Der No-Maj Jacob Kowalski kann sich, obwohl er von einem Murtlap gebissen, von einem Erumpent verfolgt und sogar obliviiert wurde, dem Zauber der magischen Welt nicht entziehen. Am Ende von *Phantastische Tierwesen und wo sie zu finden sind* kann sich Jacob, nachdem er sämtliche Erinnerungen an seine magischen Abenteuer mit Newt, Queenie und Tina verloren hat, dank eines großzügigen Spenders endlich seinen Traum erfüllen und eine Bäckerei eröffnen.

VOLLER NAME	Jacob Kowalski
BERUF	Besitzer der Bäckerei *Kowalski Quality Baked Goods*
VERBÜNDETE	Newt Scamander, Queenie Goldstein

VERZAUBERT

Als Jacob und Queenie sich zum ersten Mal begegnen, ist es Liebe auf den ersten Blick. Queenie – die sich dank ihrer Gedankenlesefähigkeiten nicht täuschen lässt – findet Gefallen an Jacobs Ehrlichkeit. Jacob wiederum erkennt hinter Queenies offensichtlicher Schönheit ihren Elan, ihr Einfühlungsvermögen und ihre Warmherzigkeit. Die beiden fühlen sich zwar magisch miteinander verbunden, aber nachdem Jacob obliviiert wurde, hat er keine Erinnerung mehr an ihre gemeinsam verbrachte Zeit.

ÜBERRASCHUNGSBESUCH

Jacob und Queenie kreuzen unerwartet in Newts Londoner Wohnung auf.
Newt hat seine Freunde seit seiner Abreise aus New York nicht mehr gesehen.

STETS ZU DIENSTEN

Nachdem er sein Gedächtnis über die magische Welt wiedererlangt, möchte Jacob Newt nur allzu gerne bei der Pflege der magischen Schützlinge unter die Arme greifen. Jacob ist fasziniert von den Tieren seines Freundes – obwohl er aus eigener Erfahrung weiß, wie gefährlich sie werden können! Als Newt beschließt, nach Paris zu fahren, um Tina zu finden, schließt Jacob sich ihm an, in der Hoffnung, wieder mit Queenie zusammenzukommen.

AMERIKANISCHER TRAUM

Wie aus dem ersten Film bekannt ist, ist dies nicht Jacobs erste Reise nach Europa – er hat im Ersten Weltkrieg für die Amerikanischen Expeditionsstreitkräfte gekämpft und lebte nach Ende des Krieges sechs Jahre lang in Europa. Dann kehrte Jacob nach New York zurück, um sich dort seinen amerikanischen Traum zu erfüllen und eine Bäckerei mit polnischen Spezialitäten zu eröffnen.

☀ ALBUS DUMBLEDORE ☀

Albus Dumbledore, der als einer der herausragendsten Zauberer der Welt gilt, ist Lehrer für Verteidigung gegen die dunklen Künste an der Hogwarts-Schule für Hexerei und Zauberei. Er und Grindelwald standen sich in jungen Jahren sehr nahe, bis Dumbledore dahinterkam, welch böse Absichten Grindelwald verfolgte.

VOLLER NAME	Albus Percival Wulfric Brian Dumbledore
BERUF	Lehrer für Verteidigung gegen die dunklen Künste, Hogwarts
AUSBILDUNG	Hogwarts-Schule für Hexerei und Zauberei
HAUS	Gryffindor
FAMILIE	Eltern verstorben, Schwester Ariana verstorben, Bruder Aberforth
VERBÜNDETER	Newt Scamander

In Hogwarts wurde Newt von Dumbledore in der Verteidigung gegen die dunklen Künste unterrichtet. In einer seiner Unterrichtsstunden ließ Dumbledore die Schüler gegen einen Irrwicht antreten.

ÜBER DEN DÄCHERN

Seit seiner Schulzeit in Hogwarts ist Newt mit Dumbledore befreundet. Dumbledore arrangiert ein geheimes Treffen auf dem Dach der St. Paul's Cathedral, um Newt über eine wichtige Mission zu informieren, die er selbst nicht erledigen kann.

AUFTRITT DER AUROREN

Als eine Gruppe von Auroren unangemeldet in Hogwarts auftaucht, hält sich Dumbledore bedeckt. Das Ministerium glaubt, dass sich Newt auf Anweisung des Professors in Paris aufhält, Dumbledore hingegen behauptet, Newt hätte sich noch nie etwas befehlen lassen.

CREDENCE

Credence wurde von seiner Adoptivmutter Mary Lou Barebone in New York aufgezogen. Er wurde von ihr sehr schlecht behandelt, und sie sagte ihm, seine richtige Mutter wäre eine „böse und widernatürliche Frau" gewesen. Credence leidet darunter, dass er ein Obscurial ist – eine dunkle, unkontrollierbare Energie hat von seinem Körper Besitz ergriffen und wächst in ihm wie ein Parasit.

VOLLER NAME Credence Barebone, Geburtsname unbekannt

AUSBILDUNG Philanthropische Gesellschaft des Neuen Salem

FAMILIE Adoptivmutter Mary Lou Barebone, Adoptivschwestern Chastity und Modesty Barebone

VERBÜNDETE Die Maledicta

AM LEBEN

Gegen jede Wahrscheinlichkeit hat Credence in Gestalt des Obscurus den mächtigen Zauberangriff der MACUSA-Beamten überlebt. Niemand hat dabei bemerkt, dass eine Rauchschwade zum Himmel emporgestiegen ist.

CREDENCE' SUCHE

Auf der Suche nach seinen Familienwurzeln macht Credence sich zusammen mit einem Wanderzirkus auf nach Europa.

LEBEN IN GEFAHR

Credence gilt als Bedrohung für die Zauberwelt. Grindelwald will sich mit ihm vereinigen und Credence' tödliche Kraft als Obscurus für seine Zwecke einsetzen.

EINE NEUE FREUNDSCHAFT

Credence begegnet der Maledicta im Circus Arcanus. Beide haben viel Leid
in ihrem Leben erfahren und verbünden sich bald miteinander. Die Maledicta
ermutigt Credence dazu, seine Zauberkraft anzunehmen, anstatt sie zu verbergen,
und Credence beginnt, die dunkle Seite in sich zu kontrollieren.

Die Maledicta ist die Hauptattraktion des Circus Arcanus. Bei jeder Vorstellung vollzieht die hübsche junge Frau eine spektakuläre Verwandlung in ein Tierwesen. Aufgrund eines Blutfluchs wird sie jedoch eines Tages für immer in ihrer Tiergestalt bleiben.

UNTERWESEN

Zirkusdirektor Skender beschreibt seine Akteure im Circus Arcanus als „Unterwesen" – Wesen, die für ihn trotz ihrer magischen Fähigkeiten unter den Menschen stehen. Er hat ihnen gegenüber keinen Respekt und behandelt sie schlecht.

VERLORENE SEELEN

Zwischen der Maledicta und Credence entsteht eine echte Freundschaft. Sie regt Credence dazu an, nicht länger die Zauberkraft in sich zu unterdrücken, sondern zu lernen, wie man sie beherrscht. Credence heitert die Maledicta auf, gibt ihr Halt und schenkt ihr Respekt.

THESEUS SCAMANDER

Theseus ist Newts älterer Bruder. Er ist ein hohes Tier im britischen Zaubereiministerium und wird als Held des Ersten Weltkriegs gefeiert.

VOLLER NAME	Theseus Scamander
BERUF	Leiter des Aurorenbüros im britischen Zaubereiministerium
AUSBILDUNG	Hogwarts-Schule für Hexerei und Zauberei
FAMILIE	Newt Scamander (jüngerer Bruder)
VERBÜNDETE	Leta Lestrange, das britische Zaubereiministerium

GUTE KOLLEGEN

Obwohl sich Newt und Leta in der Schule sehr nahestanden, ist nun der ältere der Scamander-Brüder mit Leta Lestrange verlobt. Theseus und Leta arbeiten beide in der Abteilung für Magische Strafverfolgung im Zaubereiministerium.

LETA LESTRANGE

Über Leta Lestrange ist nur wenig bekannt. In Hogwarts war sie eine Einzelgängerin, ihr einziger Freund Newt war ihr Lichtblick. Leta wuchs in England auf und gehört einer alten Zaubererfamilie an, deren Wurzeln bis nach Frankreich reichen.

VOLLER NAME	Leta Lestrange
BERUF	Angestellte der Abteilung für Magische Strafverfolgung, Zaubereiministerium
AUSBILDUNG	Hogwarts-Schule für Hexerei und Zauberei
HAUS	Slytherin
VERBÜNDETER	Theseus Scamander

RÜCKKEHR NACH HOGWARTS

Als Leta aus beruflichen Gründen nach Hogwarts zurückkehrt, wird sie an ihre traurige Schulzeit erinnert. An dieser Schule verband sie mit Newt eine enge Freundschaft, da sich beide als Außenseiter fühlten. Nach Newts Abgang von der Schule haben sich die beiden aus den Augen verloren.

FALSCHE FREUNDE

In der Zauberwelt ist kaum etwas, wie es scheint. Newt muss sich in Paris neuen Feinden entgegenstellen – Zauberern und Hexen, die unaufrichtig sind und andere manipulieren, um an ihr Ziel zu kommen.

YUSUF KAMA

Yusuf Kama ist ein vornehmer französischer Zauberer mit afrikanischen Wurzeln, der auf der Suche nach Credence ist.

SKENDER

Skender bietet „Unterwesen" im Circus Arcanus einen Zufluchtsort. Doch dafür zahlen diese einen hohen Preis, denn Skender behandelt sie sehr schlecht.

BUNTY

Bunty ist Newts Assistentin. Sie kümmert sich um die magischen Geschöpfe in Newts Tierhort, während er auf Reisen ist. Bunty vergöttert die Tiere fast genauso, wie Newt es tut – auch wenn sie gerne mal zwicken. Für den Magizoologen hat sie ebenfalls eine Schwäche.

✳ NICOLAS FLAMEL ✳

Niemand weiß, wie alt der versierte Alchemist Nicolas Flamel wirklich ist. Er ist der einzige bekannte Hersteller des legendären Steins der Weisen, der ihm bisher Unsterblichkeit verliehen hat. Der langjährige Weggefährte von Dumbledore steht Newt bei seiner Mission zur Seite.

NICOLAS FLAMEL
51 Rue de Montmorency
Paris

Der Stein der Weisen produziert das Elixier des Lebens und kann unedle Metalle in Gold verwandeln.

PHANTASTISCHE TIERWESEN

BOWTRUCKLE

Der zweigartige Bowtruckle erreicht eine Höhe von maximal 20 Zentimetern und sieht aus, als wäre er mit seinen Wurzeln, seinen zarten, blättrigen Ästen und den zwei braunen Augen aus einem Ast gemacht. Das Wesen ist eigentlich sehr sanft, setzt sich bei Gefahr allerdings energisch zur Wehr, um sein Zuhause zu verteidigen. Ein Bowtruckle bewohnt nur Bäume, deren Holz für Zauberstäbe geeignet ist.

Wenn Newt in der Nähe ist, werden diese scheuen Wesen ganz ruhig.

BESONDERE FÄHIGKEITEN:

✳ Bowtruckles können mit ihrem natürlichen Habitat verschmelzen und sich so hervorragend verstecken.

✳ Mit ihren langen, spitzen, zweigartigen Fingern lassen sich Schlösser wunderbar knacken.

PICKETT

Pickett folgt Newt auf Schritt und Tritt, am liebsten in dessen Brusttasche.

✳ Im Film *Phantastische Tierwesen und wo sie zu finden sind* befreit der kleine Wicht in der Gefangenenzelle des MACUSA Newt von seinen Handschellen und rettet dadurch ihm und Tina das Leben.

✳ Einmal macht Newt mit dem Kobold Gnarlak einen Handel und tauscht diese kleine Kreatur gegen Informationen ein – sehr zum Unmut von Pickett!

NIFFLER

Lass dich von diesen sanftmütigen und anhänglichen Tieren nicht täuschen; Niffler als Haustiere zu halten, bedeutet Ärger. Die dunklen Pelztiere mit den Knopfaugen und der schnabelartigen Schnauze halten stets Ausschau nach glänzenden Gegenständen und stehlen alles, was ihnen ins Auge springt.

Niffler sind als Haustiere nicht zu empfehlen!

BESONDERE FÄHIGKEITEN:

※ Sobald ein Niffler einen Schatz aufgespürt hat, versteckt er ihn in seiner Bauchtasche.

※ Wie Bowtruckles sind auch Niffler geschickt darin, zu entwischen.

✳ Newt nennt eine Niffler-Familie mit vier Jungen sein Eigen. Die Schützlinge stiften auf ihrer Jagd nach glänzenden Gegenständen jede Menge Chaos. Dabei kann sie nichts und niemand aufhalten!

✳ Newt beschließt, die Niffler in seinem Koffer nach Paris mitzunehmen, wo er mit Jacob nach Tina suchen will. Kann ihr magischer Spürsinn ihm dabei von Nutzen sein?

THESTRAL

Thestrale sind nur für jene sichtbar, die den Tod eines anderen Menschen miterlebt haben. Im Gegensatz zu ihrem knochigen Äußeren sind sie sehr starke Tiere mit langen, fledermausartigen Flügeln, gespaltenen Hufen und einem spitzen Schwanz.

Grindelwald flieht in einer von Thestralen gezogenen Kutsche vom Dach des MACUSA-Gebäudes.

BESONDERE FÄHIGKEIT:

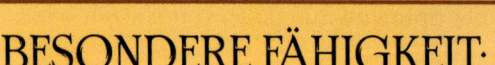

※ Unsichtbar für Menschen, die noch nicht den Tod eines Menschen miterlebt haben

✳ Das Innere von Grindelwalds Elderstab besteht angeblich aus dem Schwanzhaar eines Thestrals.

✳ Thestrale sehen zwar unheimlich aus, sind im Grunde aber sehr sanftmütige Geschöpfe, die sich zähmen lassen.

KELPIE

Dieses Wesen lebt in Form von langen, dicken Seetang-Strängen perfekt getarnt unter Wasser.

BESONDERE FÄHIGKEITEN:

☀ Kelpies sind extrem stark, schwer zu zähmen und haben einen schmerzhaften Biss.

☀ Hat man einem Kelpie erst einmal ein Halfter angelegt, ist er gefügig und bei richtigem Umgang ein schnelles Fortbewegungsmittel unter Wasser.

Newt versorgt einen verletzten Kelpie in einem Becken in seinem Keller.

AUGUREY

Der Augurey ist ein großer, eulenähnlicher Vogel mit scharfen Krallen und einem Hornschnabel. Auf seinem Kopf hat er einzelne Federn, die sich auffächern. Seine langen Schwanzfedern sind dunkelgrün und mit wunderschönen Farbakzenten in Violett und Grün durchzogen.

Jacob entdeckt den Augurey in Newts Tierrefugium im Keller.

MATAGOT

Der katzenartige Matagot ist ein Geist, der äußerlich einer haarlosen Sphinx ähnelt.

BESONDERE FÄHIGKEITEN:

☀ Im Ministère des Affaires Magiques werden Matagots eingesetzt, um kleinere Arbeiten zu erledigen, wie zum Beispiel Abteilungen zu sichern.

☀ Matagots greifen nur an, wenn sie provoziert werden, können dann aber überaus bedrohlich werden.

CHUPACABRA

Der aus Amerika stammende blutsaugende Chupacabra ist ein echsenartiges, menschenähnliches Tierwesen mit blauem Muster und roten Ringen.

FEUERDRACHE

Der Feuerdrache sieht aus wie eine kleine, fliegende Eidechse mit langen Fühlern.

BESONDERE FÄHIGKEIT:

Feuerdrachen versprühen aus ihren Schwänzen Funken, die alles Brennbare sofort in Flammen setzen.

ZOUWU

Der Zouwu ist ein riesiges Katzenwesen von der Größe eines Elefanten. Er hat ein getigertes Fell, eine zottelige Mähne, vier aus seinem Maul ragende Reißzähne und lange, spitze Krallen. Sein mehrfarbiger Schwanz ist unverkennbar.

BESONDERE FÄHIGKEIT:

※ Zouwus sind ungemein kraftvoll und schnell und können etwa 1600 Kilometer am Tag zurücklegen.

OBSCURUS

Ein Obscurus ist eine unkontrollierbare dunkle Energie, die einen Wirt benötigt, um überleben zu können. Der Obscurus in New York trat als wilder dunkler Schatten mit Augen in Erscheinung. Seine explosiven Ausbrüche legten die Stadt in Schutt und Asche. Ein Obscurus bewohnt den Körper eines kleinen Kindes, in dem er wie ein Parasit wächst.

* Der Obscurus nimmt so viel Kraft für sich in Anspruch, dass sein Wirt – das Obscurial – normalerweise nicht älter als zehn Jahre wird.

* Newt hat im Sudan für Studienzwecke einen Obscurus in einem schimmernden Kästchen gefangen. Nach Auffassung des Magizoologen ist das Wesen harmlos.

* Am Ende von *Phantastische Tierwesen und wo sie zu finden sind* vermutet der MACUSA, dass der Obscurus in Credence vernichtet wurde, doch in Wirklichkeit hat er als kleine dunkle Schwade überlebt.

ORGANISATIONEN

✳ DAS ZAUBEREIMINISTERIUM ✳

In der magischen Welt besitzt jedes Land sein eigenes Ministerium, das über die jeweilige Zauberergemeinde regiert. Die Ministerien beschließen Gesetze zum Schutz der Gemeinde, damit alle magischen Angelegenheiten vor Nicht-Magiern verborgen bleiben. Die Enthüllung der magischen Welt würde zu Konflikten führen und ungeahnte Gefahren bergen.

Das britische Zaubereiministerium befindet sich im Herzen Londons.

AUROREN

Auroren sind Elite-Hexen und Elite-Zauberer des Ministeriums, die Verbrechen im Zusammenhang mit dunkler Magie untersuchen. Sie gehören der Abteilung für Magische Strafverfolgung an. Theseus Scamander ist Leiter der Aurorenzentrale. Das Ministerium will auch Newt rekrutieren. Er soll beim Aufspüren von Credence helfen.

UNLIEBSAME MISSION

Da Newt seine Unterstützung bei der Suche
nach Credence verweigert, erhält er keine
Reiseerlaubnis. Newt möchte sich an keiner
Mission beteiligen, die Credence Schaden
zufügen könnte.

UNTER BEOBACHTUNG

Das Ministerium führt genau Buch
über Albus Dumbledore und zeichnet
jeden seiner Schritte auf. Die alten
Freunde Newt und Dumbledore
müssen zunächst ihre Verfolger mithilfe
von Magie abschütteln, bevor sie sich
auf dem Dach der St. Paul's Cathedral
in London treffen können.

REISEPLÄNE

Dumbledore erklärt, dass er es mit Grindelwald nicht allein aufnehmen kann. Daher bittet er Newt als seinen ehemaligen Schüler von Hogwarts um Hilfe, doch der will die gefährliche Mission zunächst nicht annehmen.

MACUSA

Der Magische Kongress der Vereinigten Staaten von Amerika (MACUSA) regiert die Zauberergemeinde des Landes von seinem Hauptsitz in New York aus. Der MACUSA verlangt von jeder Hexe und jedem Zauberer eine Zauberstab-Genehmigung, um jegliche magische Aktivität in seinem Gebiet verfolgen zu können.

PRÄSIDENTIN PICQUERY

Die Präsidentin des MACUSA, Seraphina Picquery, setzt alles daran, die Zauberergemeinde vor den No-Majs verborgen zu halten. Sie gab den Befehl, den Obscurus zu vernichten. Wie sich nun herausstellt, hat er jedoch überlebt.

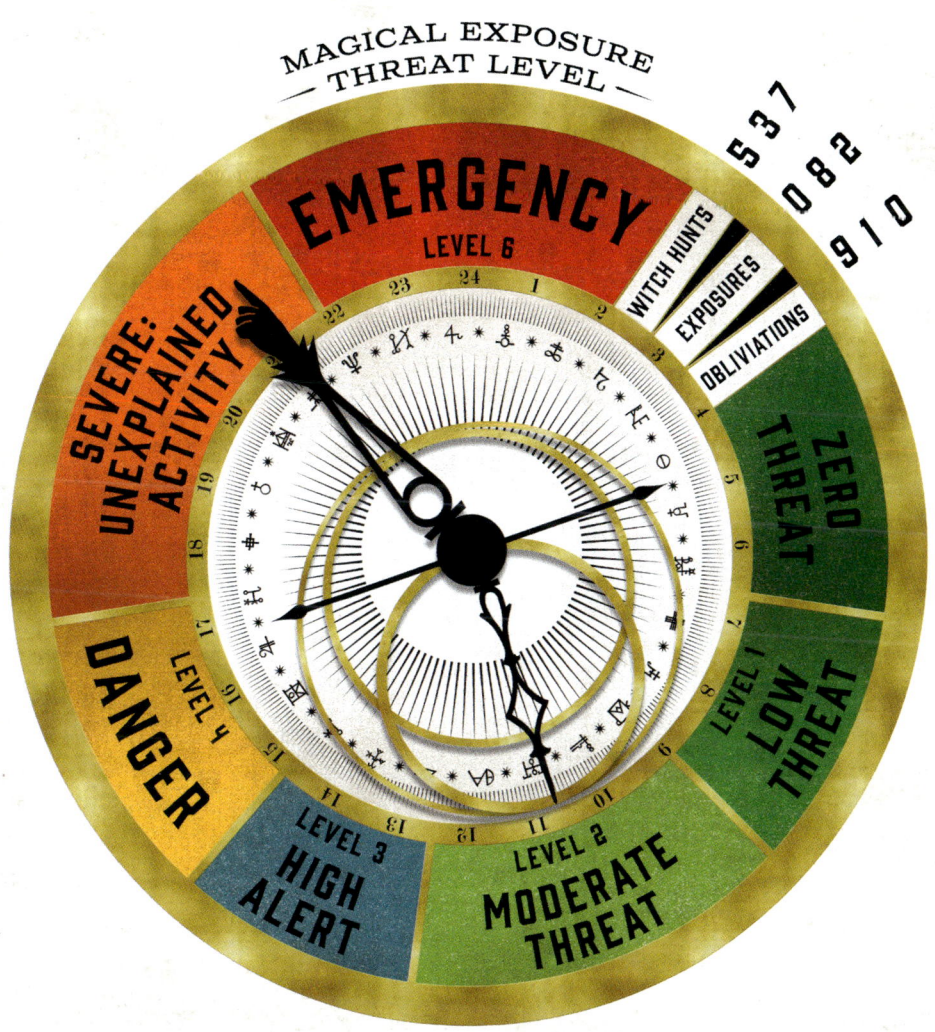

MAGICAL EXPOSURE
THREAT LEVEL

EMERGENCY
LEVEL 6

SEVERE: UNEXPLAINED ACTIVITY

ZERO THREAT

LEVEL 1 LOW THREAT

DANGER
LEVEL 4

HIGH ALERT
LEVEL 3

MODERATE THREAT
LEVEL 2

WITCH HUNTS

EXPOSURES

OBLIVIATIONS

537 082 910

MAGISCHER ANZEIGER

Der Gefahrenstufenanzeiger für Zaubereienthüllung hängt in der Lobby des MACUSA-Sitzes.
Er zeigt an, wie groß die Bedrohung für die Zauberergemeinde ist. In *Phantastische Tierwesen
und wo sie zu finden sind* schwingt der Zeiger auf „SEVERE: UNEXPLAINED ACTIVITY"
(„Akut: unerklärliche Aktivität"), als Newt und Tina gemeinsam das Gebäude betreten.

✳ GRINDELWALDS FLUCHT ✳

Wie es Grindelwald beim Gefecht in der New Yorker U-Bahn-Station angekündigt hat, kann der MACUSA ihn nicht lange festhalten. Der Zauberer flieht vom Dach des MACUSA-Gebäudes, als er überstellt werden soll, um sich für seine Verbrechen in Europa zu verantworten.

FÜR DAS GRÖSSERE WOHL

Grindelwald vertritt die Auffassung, dass Zauberer über alle Nicht-Magier herrschen sollten.

Grindelwalds Kutsche wird von geisterhaften Thestralen gezogen.

LE MINISTÈRE DES AFFAIRES MAGIQUES DE LA FRANCE

Das französische Zaubereiministerium hat seinen Sitz im Zentrum von Paris. Das Ministerium ist ein wunderschönes Gebäude mit schmuckvollen Jugendstil-Elementen wie einer mit magischen Figuren verzierten Glaskuppel.

UNGEWÖHNLICHER EINGANG

Die Ministeriumsbeamten betreten das Gebäude über einen Aufzug in Form eines Vogelkäfigs, der aus dem Wurzelwerk eines Baums auftaucht.

REGISTRE DES FAMILLES
MAGIQUES DE LA
FRANCE

ZAUBERERVERZEICHNIS

Die Namen aller französischen Hexen und Zauberer sind in
einem Verzeichnis magischer Familien aufgeführt.

CIRCUS ARCANUS

Der Circus Arcanus ist ein Wanderzirkus, der eine vielfältige und spektakuläre Darbietung lebender Kuriositäten verspricht. Hinter all dem Glanz aber verbirgt sich ein trostloser Ort. Viele der Tiere wurden in der Wildnis gefangen und weiterverkauft und müssen nun im Zirkus ihr Dasein fristen.

UNWÜRDIGE BEHANDLUNG

Skender, der Eigentümer und Direktor des Circus Arcanus, bietet „Freaks und Sonderlingen" Zuflucht, doch sie müssen dafür teuer bezahlen. Viele „Unterwesen" und seltene Kreaturen werden in Käfigen gehalten. Im Circus Arcanus begegnet Credence zum ersten Mal der Maledicta.

Der Kappa, ein japanischer Wasserdämon, gehört zu den Hauptattraktionen des Circus Arcanus.

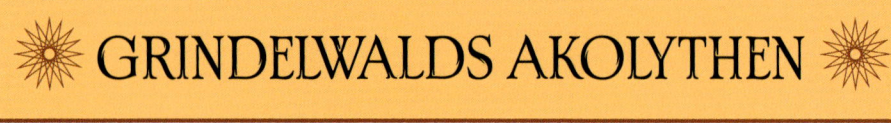

GRINDELWALDS AKOLYTHEN

Selbst während seiner Gefangenschaft ist Grindelwalds Gefolgschaft stetig gewachsen. Der dunkle Zauberer, der sich mittlerweile auf der Flucht befindet, bietet mit seinem Manifest all jenen Hexen und Zauberern Hoffnung, die ihre Magie vor der nicht magischen Gemeinde verbergen müssen.

Nagel, Krall, Carrow und Rosier gehören zu Grindelwalds engstem Kreis.

NAGEL   KRALL   CARROW   ROSIER

VINDA ROSIER

Vinda Rosier ist bereit, alles zu tun, was ihr Meister von ihr verlangt.

Grindelwald vertraut Rosier als seiner ergebensten Anhängerin.

ORTE

❋ NEW YORK CITY ❋

In *Phantastische Tierwesen und wo sie zu finden sind* erlebten die beiden Goldstein-Schwestern allerlei großartige Abenteuer im Big Apple, nicht zuletzt, als ein gewisser Magizoologe in die Stadt kam und gemeinsam mit seinem No-Maj-Freund in ihrem Apartment Unterschlupf fand. Bei ihrem nächsten Abenteuer reisen sowohl Tina als auch Queenie aus unterschiedlichen Gründen nach Europa – Tina, um Credence aufzuspüren, und Queenie in der Hoffnung, dass ihr die Gesetze jenseits des großen Teichs ein Zusammenleben mit Jacob erlauben.

MACUSA-ZENTRALE

Das amerikanische Zaubereiministerium überwacht und schützt die Zaubererschaft.
Sein Sitz in einem Wolkenkratzer befindet sich im Stadtzentrum von New York City.
Beide Goldstein-Schwestern sind dort angestellt, und Grindelwald hat die Organisation,
als Percival Graves getarnt, infiltriert.

ZÄRTLICHER ABSCHIED

Newt und Tina verabschiedeten sich liebevoll am Hafen von New York, bevor Newt mit dem Schiff nach England zurückkehrte. Zu Tinas Freude versprach er, ihr nach Erscheinen ein Exemplar seines Buches persönlich zu überbringen.

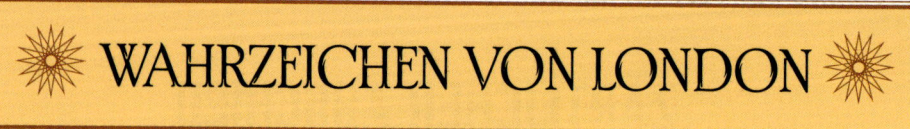

WAHRZEICHEN VON LONDON

Dumbledore und Newt müssen sich heimlich treffen, um die von Dumbledore geplante Mission zu besprechen. Die beiden Zauberer kommen auf einer der berühmtesten Sehenswürdigkeiten Londons zusammen, fernab der Spitzel aus dem Zaubereiministerium.

VERTRAUTE FREUNDE

Newt und Dumbledore treffen sich auf dem Dach der St. Paul's Cathedral in London. Dumbledore ist für Newt mehr als nur ein ehemaliger Lehrer – die beiden Freunde vertrauen und respektieren einander ganz und gar.

NEWTS TIERHORT

Als weltweit angesehener Magizoologe hat sich Newt einen riesigen Tierhort im Keller seines Zuhauses in London geschaffen. Dort stehen seinen magischen Schützlingen deren natürliche Habitate zur Verfügung.

VERLETZTER KELPIE

Ein verletzter Kelpie hat in einem tiefen Teich in Newts Keller Unterschlupf gefunden. Dank seines seetangartigen Aussehens ist er unter Wasser bestens getarnt. Der Magizoologe weiß das energische Tier zu bändigen, als es ihn auf einen wilden Unterwasserritt mitnimmt.

TIERISCHE HEILMITTEL

Mit seiner reichhaltigen Sammlung an Zaubertränken vermag Newt, jedem verletzten oder kranken Tier wieder auf die Beine zu helfen. Oft bringt er verwundete magische Wesen von seinen Reisen in seinen Tierhort mit, um sie gesund zu pflegen und dann wieder auszuwildern.

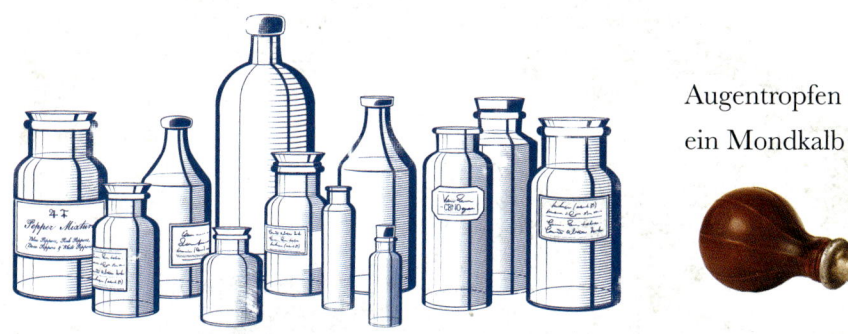

Augentropfen für ein Mondkalb

PFLEGEKARTE

In Newts Pflegekarte sind für jeden seiner Patienten spezielle Fütterungspläne und Symbole zu Habitat und Terrain, entsprechend dem jeweiligen natürlichen Habitat, angeführt. Newt und seine Assistentin Bunty versorgen jeden Schützling so, als würde er sich in freier Wildbahn befinden.

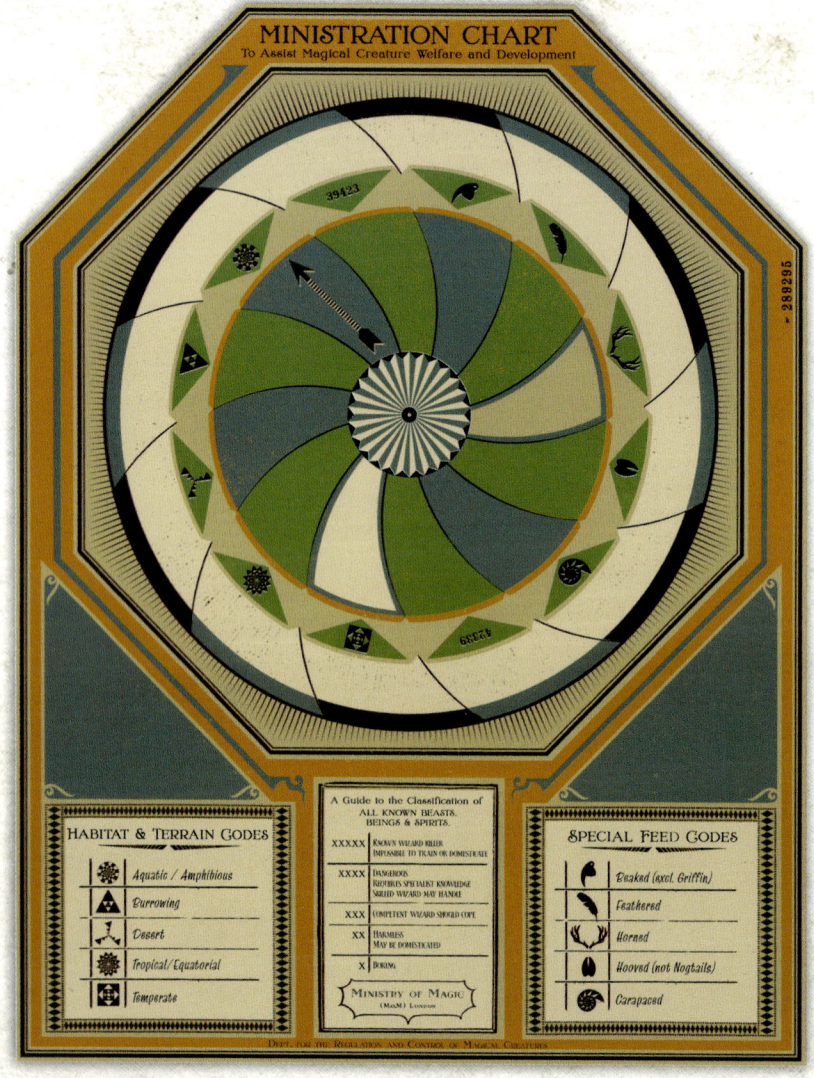

TIERWESEN AUF REISEN

Newts magischer Koffer ist eine kleine, tragbare Version seines Tierhorts. Für seine Reise nach Paris verstaut er eine Familie von Nifflern sicher in seinem Gepäck. Pickett der Bowtruckle begleitet Newt in dessen Brusttasche.

NEWTS ASSISTENTIN

Während Newts Abwesenheit betreut Bunty den Tierhort. Sie ist genauso in die magischen Wesen vernarrt wie der berühmte Magizoologe selbst.

HOGWARTS-SCHULE FÜR HEXEREI UND ZAUBEREI

Hogwarts ist eine Zauberschule im Vereinigten Königreich, in der Kinder mit magischen Fähigkeiten alles von Verwandlung bis zur Herstellung von Zaubertränken lernen.

EHEMALIGE SCHÜLER

Die vier Häuser von Hogwarts heißen Gryffindor, Hufflepuff, Ravenclaw und Slytherin. Zu den ehemaligen Schülern der Zauberschule gehören Albus Dumbledore, Leta Lestrange und Newt Scamander. Newt wurde dem Haus Hufflepuff zugeteilt und packt trotz seines Ausschlusses von Hogwarts bei seiner Reise nach New York im Winter seinen alten Schal aus Schulzeiten ein.

UNGEBETENER BESUCH

Eine ungebetene Truppe von Auroren des Zaubereiministeriums kommt nach Hogwarts, um Professor Albus Dumbledore zu befragen.

TORQUIL TRAVERS

Die Gruppe wird angeführt von Torquil Travers, dem Leiter der Abteilung für Magische Strafverfolgung im Zaubereiministerium.

DUMBLEDORES KLASSENZIMMER

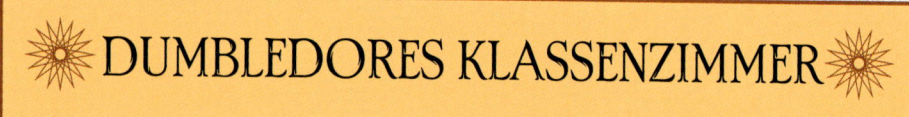

Die Auroren des Ministeriums befragen Dumbledore, der Verteidigung gegen die dunklen Künste lehrt, in dessen Klassenzimmer zu Newts Aufenthaltsort. Verteidigung gegen die dunklen Künste ist ein Pflichtfach in Hogwarts, in dem Schüler lernen, wie sie sich gegen schwarze Magie wie dunkle Zauber und gefährliche Kreaturen zur Wehr setzen können.

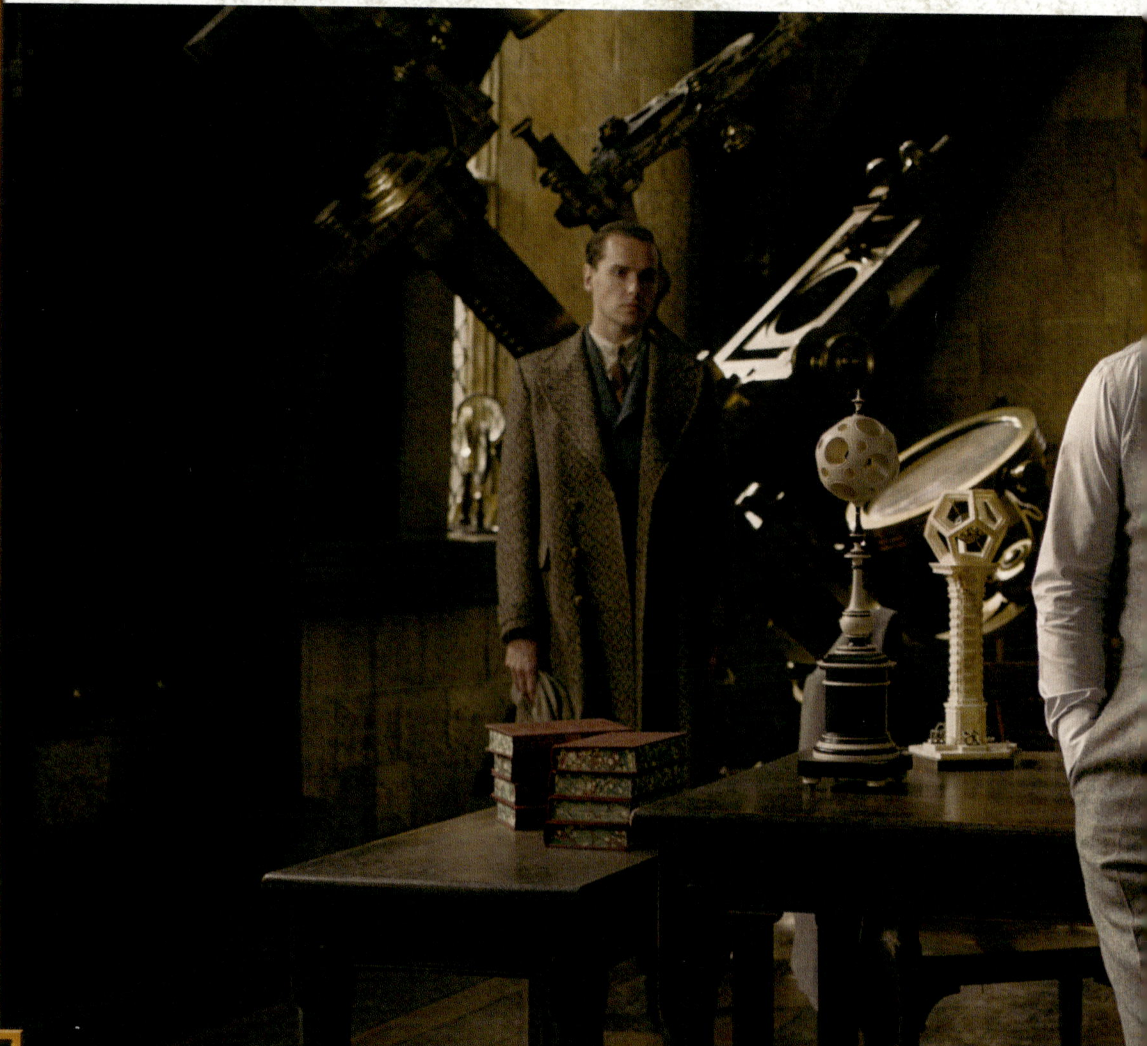

MAGISCHE ARTEFAKTE

In Dumbledores Klassenzimmer finden sich allerlei
faszinierende magische Gegenstände.

✷ DAS PARIS DER ZWANZIGER ✷

Das Jahrzehnt der wilden 1920er-Jahre war in Paris unter dem Namen *Les Années Folles* bekannt. Es war eine Zeit großer sozialer, kultureller und künstlerischer Veränderungen in der Stadt. Viele Gebäude wurden im wunderschönen Jugendstil errichtet.

REISE PER PORTSCHLÜSSEL

Newt Scamander und Jacob Kowalski gelangen mithilfe eines Portschlüssels nach Paris. Dabei handelt es sich um ein verzaubertes Objekt, das sie auf magische Weise an ihren Zielort bringt. In Newts und Jacobs Fall ist das ein alter Metalleimer.

KANALÜBERQUERUNG

Newt und Jacob müssen sich zum Antritt ihrer Reise zu den Kreidefelsen von Dover an der englischen Küste begeben.

KAFFEEHAUSGESELLSCHAFT

Als Newt und Jacob durch die Straßen von Paris streifen, begegnen sie außerhalb eines Cafés dem Zauberer Yusuf Kama.

※ ÜBER DEN DÄCHERN DER STADT ※

Nachdem Credence und die Maledicta aus dem Circus Arcanus geflohen sind,
müssen sie sich versteckt halten. Sie übernachten auf dem Dach eines hohen
Hauses, weit weg vom Getümmel der Stadt unter ihnen.

UNTER KONTROLLE

Da Credence seine Zauberkräfte nicht länger verbergen muss, gewinnt er an Stärke und lernt, den Obscurus zu kontrollieren. Credence und die Maledicta finden einen sicheren Unterschlupf in Paris und erkunden die Dachlandschaft.

✳ KAMAS VERSTECK ✳

Yusuf Kama haust in der Kanalisation unterhalb des berühmten Flusses Seine. Hier betreibt er seine Nachforschungen, um Credence aufzuspüren.

STAMMBAUM

Die eingeritzten Kanalwände zeugen von Kamas Faszination für eine bestimmte reinblütige Familie.

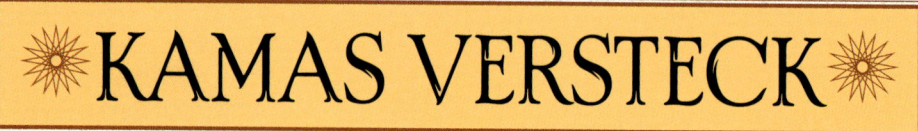

MYSTERIÖSE MOTIVE

Tina besucht mit Yusuf Kama ein Pariser Café. Da sie keinen Anlass hat, ihm zu misstrauen, begleitet sie ihn zu seinem Unterschlupf.

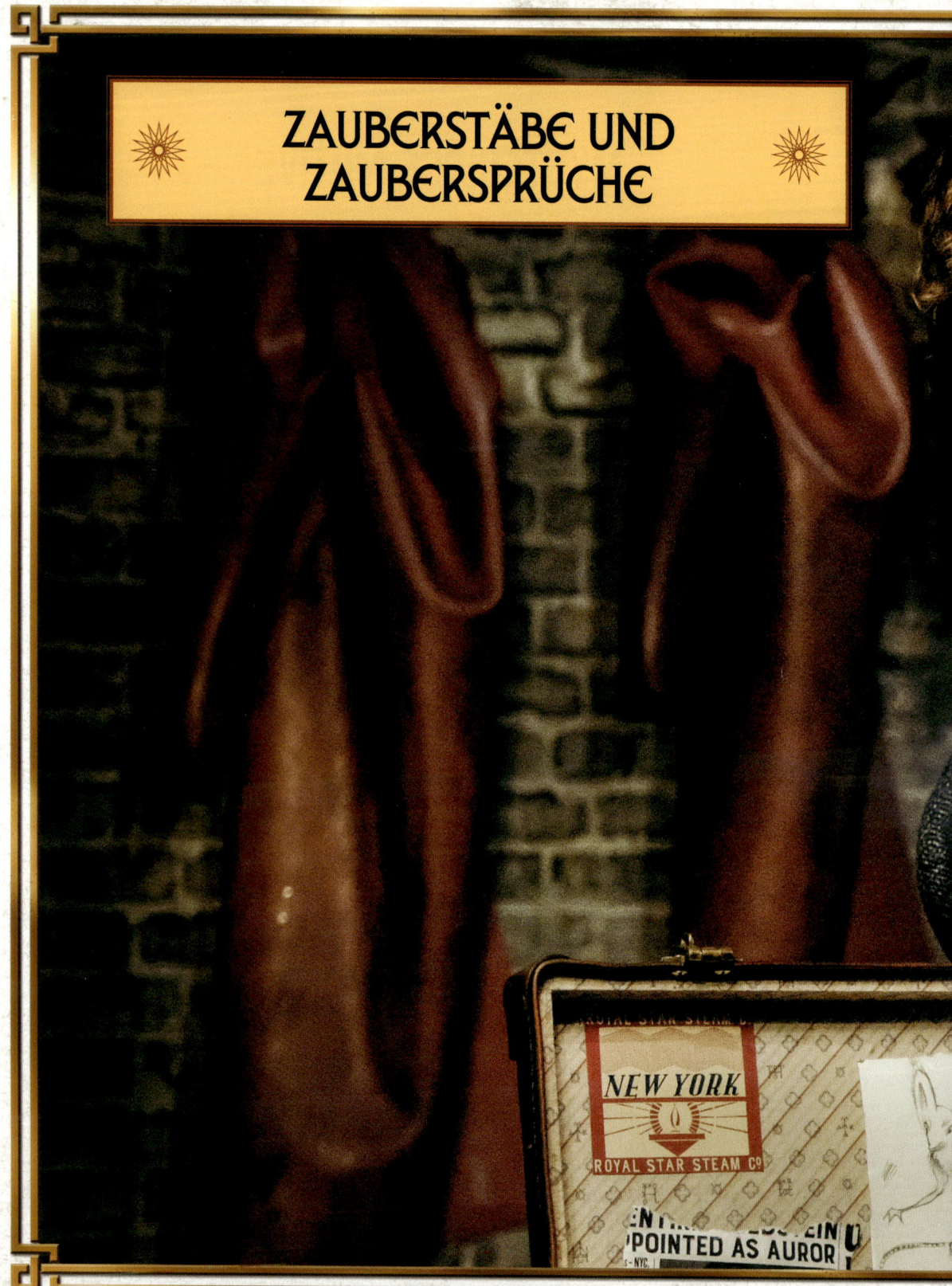

ZAUBERSTÄBE UND ZAUBERSPRÜCHE

ZAUBERSTÄBE

Ein Zauberstab ist ein wichtiges Hilfsmittel, das die magischen Energien einer Hexe oder eines Zauberers kanalisiert. Auch von einem unscheinbar aussehenden Exemplar kann ein mächtiger Zauber ausgehen, denn die Stärke eines Zauberspruches hängt von der Stärke des Magiers ab.

NEWT SCAMANDER

Newts schlichter Zauberstab verkörpert die Natur, die ihm so sehr am Herzen liegt.

TINA GOLDSTEIN

Tina braucht keinen Schnickschnack. Ihr einfacher Holzstab spiegelt das perfekt wider.

Zauberstäbe können aus den unterschiedlichsten Hölzern gefertigt sein, zum Beispiel aus Erle oder Eibe. Ihr Kern besteht aus magischem Material wie einem Einhornhaar oder Phönixfedern.

QUEENIE GOLDSTEIN

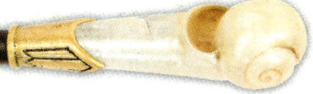

Dieses modische Exemplar aus dunklem Holz mit Perlmuttgriff ist wie für Queenie gemacht!

ALBUS DUMBLEDORE

Dumbledores Zauberstab kann einige der mächtigsten Zauber hervorbringen, die die Zauberwelt je gesehen hat.

LETA LESTRANGE

Leta nennt einen dunklen Holzstab mit einem in Silber geschnitzten Griff ihr Eigen.

THESEUS SCAMANDER

Ein Auror muss natürlich einen eindrucksvollen Zauberstab wie diesen hier besitzen.

NICOLAS FLAMEL

Dieses Exemplar, das seinem Eigentümer seit Jahrhunderten dient, besitzt einen geschwungenen Griff aus Drachenkralle.

YUSUF KAMA

Diese schlanke Kombination aus dunklem und hellerem Holz wirkt dezent.

DER ELDERSTAB

Der uralte Elderstab ist angeblich mächtiger als jeder andere Zauberstab.
Er besteht aus dem Holz eines Holunderbusches, misst rund 40 Zentimeter
und besitzt als Kern das Schwanzhaar eines Thestrals.
Angeblich hat ihn der Tod selbst erschaffen.

Der begehrte Zauberstab wird Grindelwald nach dessen Flucht vom Dach des
MACUSA-Gebäudes von einem seiner Anhänger übergeben.

HEILIGTÜMER DES TODES

Der Elderstab ist eines der Heiligtümer des Todes – drei magische Artefakte, die gemeinsam zu Unsterblichkeit verhelfen sollen. Der Stein der Weisen und der Tarnumhang machen das legendäre Trio komplett.

Grindelwalds Symbol basiert auf den Heiligtümern des Todes.

ZAUBERSPRÜCHE

Hexen und Zauberer lernen ab dem Eintritt in die Zauberschule, einfache Zaubersprüche anzuwenden. Mit etwas Übung lässt sich ein Zauber auch ohne lautes Aussprechen der Formel bewirken. Die mächtigsten Hexen und Zauberer können sogar ohne Zauberstab zaubern.

ACCIO

ruft Gegenstände herbei.

APPARE VESTIGIUM

zeigt Fußabdrücke und Spuren.

AVENSEGIUM

verwandelt einen Gegenstand in einen Peilsender.

ALOHOMORA

öffnet verschlossene Türen, Fenster und
Gegenstände.

CONFUNDO

stiftet Verwirrung bei einer Person oder einem fühlenden Gegenstand.

EXPELLIARMUS

entwaffnet einen Gegner.

LUMOS

erzeugt Licht.

NEBULUS

erzeugt Nebel.

OSCAUSI

verschließt den Mund einer Person.

PROTEGO DIABOLICA

erzeugt einen schützenden Feuerkreis.

REPARO

setzt zerbrochene Gegenstände wieder zusammen.

REVELIO

offenbart Eindringlinge und Betrüger.

RIDDIKULUS

lässt einen Irrwicht weniger bedrohlich wirken.

STUPOR

setzt den Gegner in einem Duell außer Gefecht.

SURGITO

macht eine Verzauberung rückgängig.

VENTUS

nimmt eine Person in einem Wirbelwind gefangen.

BILDERGALERIE

Tina

Auror

Goldstein

Leta
Lestrange

AUGUREY

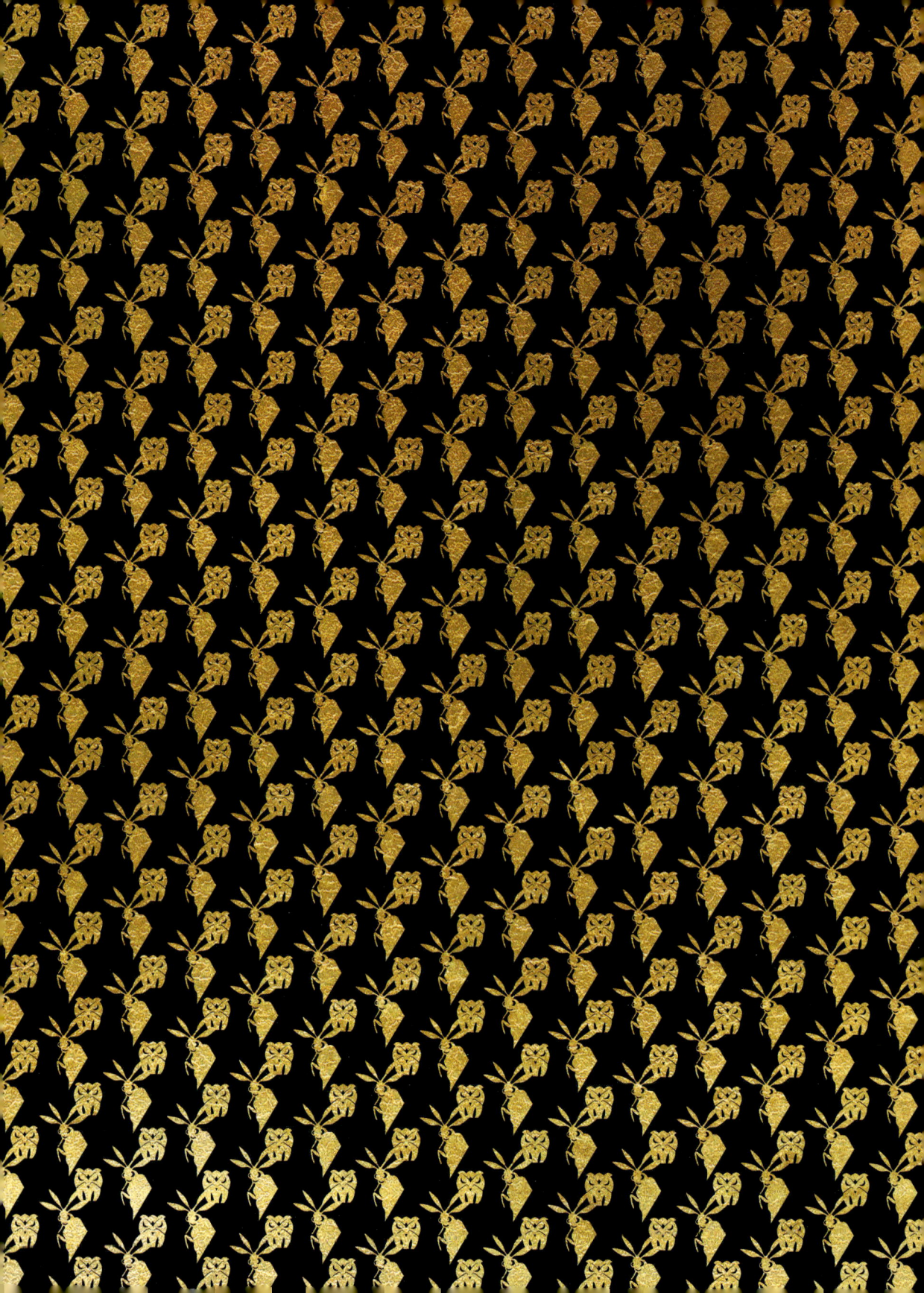